Patrice Thuault

Michel Bouchet

ÉDUCATION CIVIQUE • Cycle 3

Vivre ensemble

éditions sed

2, rue Chappe - 78130 Les Mureaux
Tél : 01 34 92 78 78 - Fax : 01 34 92 82 50
Site internet : www.editions-sed.fr

ISBN 2-86893-825-6 - Réf : 45525 -

VIVRE ENSEMBLE

Sommaire

VIVRE ENSEMBLE
Règles de vie

1

Respect de soi : « ***Devenir soi-même, c'est prendre d'abord son corps en charge. C'est ne pas détruire ce corps. C'est donner à son corps les moyens de s'épanouir.*** » (d'après Martin Gray, « Les Forces de la vie », Robert Laffont).

Respect des autres : « ***Tournant les yeux vers la terre, le désir me prit de convaincre l'homme qu'il doit apprendre à vivre avec les autres hommes.*** » (James B. Irving, astronaute américain, au retour de sa mission sur la Lune en 1971).

DOCUMENT 1
Le respect

DOCUMENT 2
À l'école

Vivre ensemble à l'école, c'est : respecter les autres élèves et les adultes ; observer le règlement de l'école ; respecter les règles d'un jeu, d'un sport ; prendre soin du matériel.

Dans le travail en équipe, aider ses camarades, prêter ses affaires, partager, s'entraider... sont des principes de base.

DOCUMENT 3
Dans la vie collective

Participer à un débat, c'est donner son avis et savoir écouter les autres en acceptant les différences d'opinions.

DOCUMENT 4
À la maison

Vivre ensemble à la maison, c'est : respecter ses parents et ses frères et sœurs, participer aux tâches quotidiennes, tenir sa chambre propre, ranger ses affaires...

DOCUMENT 5
Dans la rue

Mieux vivre ensemble hors de l'école ou de la maison, c'est : céder sa place dans un transport en commun à une personne âgée ou handicapée, laisser passer d'abord les plus petits ou les plus fragiles dans une file d'attente, respecter les biens et l'environnement, être poli…

DOCUMENT 6
En société

Vivre ensemble, c'est communiquer, s'accepter et ainsi s'enrichir de nos différences. En France, de nombreuses personnes sont d'origine étrangère. Elles nous apportent leur savoir-faire et leur culture. Il faut respecter leurs idées, leurs croyances, leurs coutumes.

DOCUMENT 7
La sécurité

À la maison, à l'école, dans la rue, observer les règles de sécurité, c'est se protéger soi-même.

C'est aussi respecter les autres en pensant à leur propre sécurité.

En savoir plus

Vivre ensemble, c'est accepter les contraintes de la vie sociale (en société) en respectant les lois et règlements.

Respect des lois votées, au niveau national, par le gouvernement.

Respect des lois énoncées dans la « Déclaration des droits de l'homme ».

Respect des règlements des parcs et jardins publics, de l'environnement.

Respect des règles de la sécurité routière.

Respect des règlements sportifs et des joueurs (partenaires et adversaires).

Respect du règlement de l'école et de la classe.

Respect du règlement de la coopérative scolaire.

Respect des règles des jeux de société, des jeux de plein air.

Vivre ensemble, c'est aussi respecter les autres en observant les règles de savoir-vivre (être propre, manger correctement, savoir s'excuser…) et les règles de politesse (bonjour, merci, s'il vous plaît…).

VIVRE ENSEMBLE
Accepter les différences

2

DOCUMENT 1
Tous pareils, tous différents

Etre raciste, c'est croire que les différences entre les gens rendent certains supérieurs. Pourtant, il n'y a qu'une race humaine. Les gens racistes sont soumis à la peur des personnes différentes qu'ils ne connaissent pas. On ne naît pas raciste, on le devient.

Nous sommes tous pareils et tous différents. Chacun a le même droit de vivre dignement sur la Terre, sans souffrir du mépris.

DOCUMENT 2
Différences physiques

Dans toute société, la beauté correspond à ce que pense la majorité. Toute différence donne naissance à des préjugés (jugements sur une personne sans la connaître).

Les personnes qui ont une apparence physique différente ou un handicap sont souvent montrées du doigt et rejetées. Ces personnes souffrent de ne pas pouvoir mener une vie normale.

Pourtant, dans une société juste, l'environnement devrait être adapté afin que chaque personne puisse circuler librement, accéder à tous les lieux qu'elle désire fréquenter, vivre comme les autres...

DOCUMENT 3
Filles et garçons

De nos jours, nous évaluons les individus selon leurs qualités et non selon leur sexe. Filles et garçons doivent être libres de choisir les études, le sport, le métier qu'ils désirent faire ou le rôle qu'ils désirent tenir dans la société.

Malheureusement, dans certains pays encore, une fille est moins importante qu'un garçon (pas d'études, tâches ménagères, mariage forcé, aucun droit à la parole…).

DOCUMENT 4
La parité

Voici les dates de la marche vers l'égalité en politique:

1944 : Une ordonnance décrète que les femmes sont électrices (elles peuvent voter) et éligibles (elles peuvent être élues) dans les mêmes conditions que les hommes.

1945 : Au scrutin municipal, les femmes votent pour la première fois.

1999/2000: Révision des articles 3 et 4 de la Constitution. "La loi favorise l'égal accès des femmes et des hommes aux mandats électoraux et aux fonctions électives" et les partis et groupements politiques doivent contribuer à la mise en œuvre de ce principe.

2000 : Promulgation de la loi sur la parité le 6 juin.

La parité entre les femmes et les hommes est une avancée décisive pour la démocratie.

En savoir plus

Contre le racisme

Dans l'histoire de la France, il y a eu des manifestations de racisme, mais aussi des actions contre le racisme. La première remonte à 1789, quand La Déclaration des droits de l'homme et du citoyen proclame : "Tous les hommes naissent et demeurent libres et égaux."

Dans l'histoire plus récente, l'ONU a adopté la Déclaration universelle des droits de l'homme en 1945, et une convention internationale sur l'abolition de toutes les formes de discrimination (traitement différent) raciale ou physique en 1965.

En 1972, la France a votée une loi qui prévoit des condamnations pénales pour toute action à caractère raciste.

"Nous devons nous engager à combattre ce qu'il y a de pire dans l'homme pour faire triompher ce qu'il y a de meilleur. Nous pouvons, devons et allons vaincre le racisme."
Kofi Annan (Secrétaire général de l'ONU)

VIVRE ENSEMBLE
La violence

3

DOCUMENT 1
La violence collective : les guerres

Réfugiés fuyant la guerre au Kosovo.

« Ils m'ont forcé à apprendre à me battre dans une guerre que je ne comprenais pas. On nous battait sans cesse dans le simple but de nous faire vivre dans la terreur. »

Enfant bosniaque

Américains faisant la guerre en Irak.

DOCUMENT 2
La violence collective : le terrorisme

Les attentats (attaques par surprise de gens ou de lieux) provoquent de nombreuses morts et blessent des personnes innocentes. Les terroristes ne connaissent pas leurs victimes, "choisies" au hasard. Des touristes, des passants, adultes et enfants subissent la haine des terroristes et sont utilisés pour déstabiliser le pouvoir en place.

Les tours du World Trade Center s'effondrent

Le 11 septembre 2001 à 8 h 45 le temps s'est arrêté pendant que le monde entier assistait, impuissant, à la tragédie. Pour la première fois de leur histoire, les Etats-Unis étaient victimes d'attentats étrangers sur leur sol.

DOCUMENT 3
La violence individuelle

La violence n'est pas forcément physique. Elle peut être verbale : insultes, paroles blessantes ou comportements injurieux…

DOCUMENT 4
La violence contre les choses

Dans la vie courante, on peut voir de nombreux actes d'incivilité : tags, déchets éparpillés, poubelles brûlées, vitres cassées… Tous ces actes gratuits créent un climat d'insécurité dans lequel il est difficile de vivre et qui entraîne la peur (dans les transports publics, dans les rues le soir…). Cette forme de délinquance (acte contraire à la loi) prive chacun de son droit de vivre en sécurité. Il y a plusieurs moyens de la combattre : la dénoncer, la prévenir, la dissuader ou la sanctionner et surtout faire preuve soi-même de civisme.

DOCUMENT 5
Les conséquences de la violence à l'école

L'intolérance (ne pas supporter que quelqu'un soit différent), l'échec scolaire, des difficultés familiales ou sociales peuvent entraîner de la violence. Mais la violence ne résout jamais les problèmes, au contraire, elle les multiplie (rejet, racket, vol…).

La violence fait régner la loi du plus fort et ne respecte plus les droits de chaque être humain, ni les règles de la vie en collectivité.

En savoir plus

La violence est partout dans le monde

Tout homme a de la violence en lui. Mais son éducation lui a appris à vivre en société et à respecter les autres. C'est pour cela qu'il y a des règles de vie (en famille, en collectivité et dans le monde). Les actes de violence sont sanctionnés par la force publique (police, justice) car ils sont contraires aux règles de vie en collectivité. Contre des personnes ou des biens, la violence est toujours une preuve d'intolérance et d'irrespect.

Les pays aussi sont violents. Certains transgressent les lois internationales, pour agrandir leurs frontières ou imposer leurs idées… Alors, quand tous les autres moyens ont étés tentés (négociations, missions diplomatiques, menaces de sanction…), des organisations légales internationales (ONU, OTAN…) ont recours à la force pour arrêter la violence et redonner sa chance à la paix.

VIVRE ENSEMBLE
La solidarité nationale

4

DOCUMENT 1
La solidarité au quotidien

Aider une personne en difficulté à faire ses courses, rendre service à ses parents, tenir compte des besoins des autres avant de se servir… sont quelques-unes des actions solidaires que l'on peut faire chaque jour dans la rue ou à la maison.

DOCUMENT 2
La solidarité à l'école

Avoir un esprit de camaraderie, porter les leçons à un élève malade, prêter ses affaires à son voisin, aider un de ses camarades en difficulté… sont quelques-unes des actions solidaires que l'on peut faire à l'école.

DOCUMENT 3
Un pays solidaire

La lutte contre la pauvreté est un devoir pour l'État (R.M.I., lutte contre le chômage et l'exclusion…) mais l'État ne suffit pas. De nombreuses associations, fondations ou œuvres charitables se joignent à cette lutte. Ces associations tirent leurs ressources de subventions d'État et de dons d'entreprises ou de particuliers, encouragés par des moyens variés (Téléthon, concerts de solidarité, campagnes nationales…).

La Croix-Rouge, le Secours populaire, le Secours catholique, l'Armée du Salut, le Centre français de protection de l'enfance, la fondation Emmaüs, les « restos » du cœur sont parmi les plus connues, mais il y en a beaucoup d'autres…

Emission télévisée pour le Téléthon en 2000

DOCUMENT 4
Les « restos » du cœur

Durant l'hiver 1984/1985, le froid tue 145 personnes. L'humaniste humoriste Michel Colucci, dit Coluche, fonde en 1985 les « restos du cœur ». En 2004, 1 900 centres animés par 43 000 bénévoles ont distribué environ 66 millions de repas. 650 000 personnes ont bénéficié de ces repas (dont 29 000 bébés de moins de 18 mois).

DOCUMENT 5
Les chiffonniers d'Emmaüs

Lors du terrible hiver 1954, les Français font connaissance avec l'abbé Pierre et l'association Emmaüs qu'il a créée en 1949. Cette association lutte contre la pauvreté et l'illettrisme. Elle héberge les gens en grande difficulté dans des cités ou des hôtels sociaux. Plus de 200 groupes en France portent le nom d'Emmaüs.

l'abbé Pierre

DOCUMENT 6
« Sang pour sang » générosité

L'Etablissement Français du Sang (E.F.S.) est chargé, depuis janvier 2000, de récolter du sang pour les centres hospitaliers. En effet, les hôpitaux ont un besoin urgent de sang pour les opérations chirurgicales et pour soigner les hémorragies et les brûlures. Les donneurs sont de plus en plus difficiles à trouver. Pourtant, en France chaque année, environ 1,7 million de bénévoles font don de leur sang. Voilà un bel exemple de solidarité et de générosité !

En savoir plus

Le R.M.I.

En France, des millions de personnes ont faim et froid, sont sans logis, ou gagnent trop peu d'argent. Le Revenu Minimum d'Insertion *, créé par la loi du 1er décembre 1988, permet à chacun de disposer de ressources pour faire face à ses besoins les plus urgents. On compte actuellement environ 1 100 000 RMIstes en France suivis par les services sociaux. La pauvreté touche tous les âges, toutes les professions et la réinsertion est souvent difficile dans la société et même parfois dans la famille.

**Insertion : manière de ne plus être exclu, de s'intégrer dans la société.*

VIVRE ENSEMBLE
Le droit à l'éducation

5

Jules Ferry (1832-1893), ministre de l'Instruction publique de la IIIᵉ République.

DOCUMENT 1
L'éducation pour tous en France

Jules Ferry a créé l'école de la République gratuite, laïque et obligatoire. Les lois scolaires de 1881 et 1882 posent les principes fondamentaux qui garantissent l'égalité d'accès à l'instruction, la gratuité de l'école et l'obligation scolaire de 6 à 13 ans. Ces principes établissent également la laïcité de l'enseignement (l'instruction religieuse est supprimée des programmes pour être remplacée par l'instruction morale et civique).

Jules Ferry a créé ces lois car il voulait qu'un maximum d'enfants apprennent à lire et à écrire.

DOCUMENT 2
École de filles, écoles de garçons

Autrefois, les écoles n'étaient pas mixtes, c'est-à-dire que les garçons allaient à l'école des garçons et les filles à l'école des filles. Les filles avaient une maîtresse et les garçons avaient un maître. Parfois, on trouvait quand même des classes de garçons avec une maîtresse, mais c'était rare.

DOCUMENT 3
L'école ailleurs

En Inde, des millions d'enfants sont à la rue et ne sont toujours pas scolarisés, dont une majorité de filles.

En Thaïlande, les élèves sont en vacances de mars à avril, pendant la saison chaude.

DOCUMENT 4
Trop pauvres pour aller à l'école

Au Niger, seuls 30 % des enfants ont accès à l'école. Les enfants n'ont pas le temps d'y aller, trop occupés à garder les animaux, à aller puiser l'eau…

Le Pakistan est un des pays les moins alphabétisés et les moins scolarisés du monde. Les écoles publiques sont rares, pauvres et dans un état lamentable.

DOCUMENT 5
Privé d'école pour cause de guerre

La guerre prive les enfants d'école. Plus d'un million d'enfants dans le monde n'y vont pas à cause des combats.

En savoir plus

Lois de Jules Ferry de 1882

Article 1. L'enseignement primaire comprend : l'instruction morale et civique ; la lecture et l'écriture ; la langue et les éléments de la littérature française ; la géographie et l'histoire, particulièrement celle de la France ; (…) les éléments de sciences naturelles, physiques et mathématiques, leurs applications à l'agriculture, à l'hygiène ; les travaux manuels et l'usage des outils des principaux métiers ; les éléments du dessin, du modelage et de la musique ; la gymnastique ; pour les garçons, les exercices militaires ; pour les filles, les travaux d'aiguilles…

Article 2. Les écoles primaires publiques vaqueront (seront fermées) un jour par semaine, en outre du dimanche, afin de permettre aux parents de faire donner, s'ils le désirent, à leurs enfants, l'instruction religieuse en dehors des édifices scolaires. (…)

Article 4. L'instruction primaire est obligatoire pour les enfants, âgés de six ans révolus à treize ans révolus ; elle peut être donnée soit dans les écoles publiques ou libres (privées), soit dans les familles, par le père de famille lui-même ou par toute autre personne qu'il aura choisie.

VIVRE ENSEMBLE
La protection sociale

DOCUMENT 1
La feuille de soins

Lorsqu'un malade se rend chez son médecin pour une consultation, lorsqu'une maman fait vacciner son enfant, lorsqu'un blessé se fait soigner à l'hôpital... on doit remplir une feuille de soins. Cette feuille, signée par le médecin et par le patient, est envoyée au centre dont dépend l'assuré. Ainsi, il recevra le remboursement partiel ou total des frais engagés.

DOCUMENT 2
Son numéro de « sécu »

La sécurité sociale protège tous les français et les étrangers résidant en France, contre les risques sociaux.

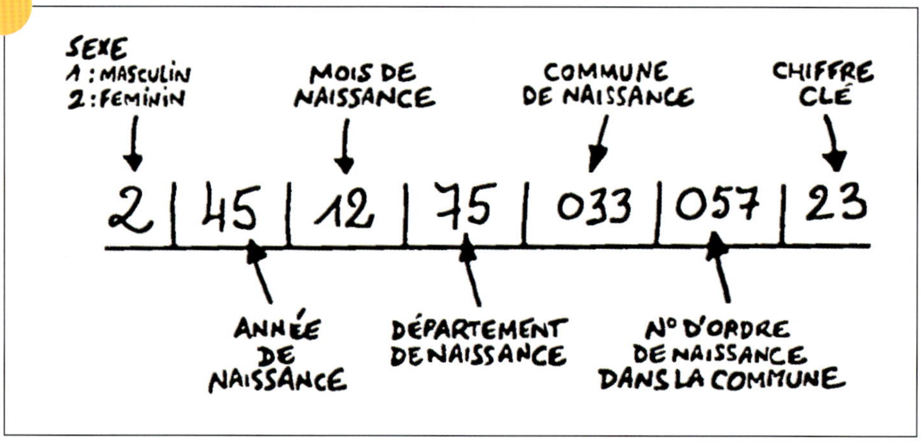

DOCUMENT 3
La carte « vitale »

Carte appartenant au patient qui permet d'accélérer le remboursement de ses frais médicaux.

DOCUMENT 4
La prévention

Les visites préventives de contrôle chez des spécialistes (dentiste, ophtalmologiste…) permettent bien souvent d'éviter des soins plus importants et plus coûteux à l'âge adulte (carie, problèmes de vue…).

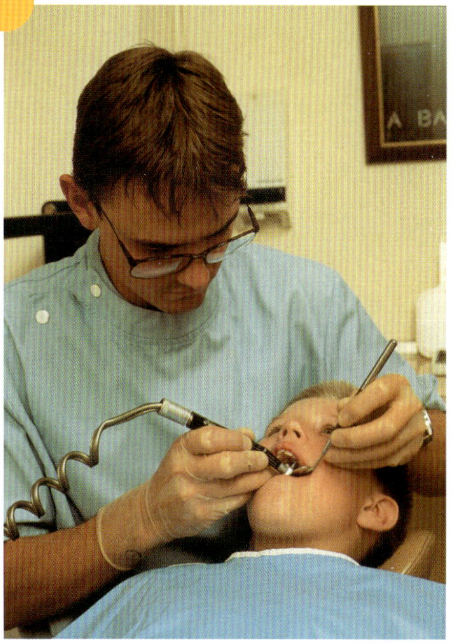

DOCUMENT 5
La C.M.U. : Couverture Maladie Universelle

La C.M.U. donne droit à une couverture supplémentaire gratuite aux personnes les plus démunies qui peuvent ainsi bénéficier de soins pris en charge à 100 %. Ils n'ont plus besoin d'avancer d'argent pour se faire soigner.

DOCUMENT 6
Défendre la Sécurité sociale

Pour que le système de la Sécurité sociale continue longtemps, il faut que chacun ait un comportement responsable en limitant les dépenses.

La Sécurité sociale, c'est bien !
En abuser, ça craint !

En savoir plus

La Sécurité sociale

La Sécurité sociale est un organisme qui a pour but d'aider tous les Français et étrangers travaillant en France, ainsi que leur famille, face aux risques relatifs à la maladie, aux accidents, aux charges de famille et à la vieillesse. Créée en 1945 sur le principe de la solidarité (cotisations payées par tous les actifs et les pensionnés), la Sécurité sociale perçoit aussi diverses taxes (sur l'alcool, le tabac…) et des aides de l'Etat (solidarité des contribuables). La Sécurité sociale est divisée en plusieurs branches :

- La Caisse d'Assurance Maladie rembourse une partie des frais médicaux et verse des indemnités journalières.
- La Caisse d'Assurance Vieillesse assure des ressources aux retraités.
- La Caisse d'Allocations Familiales apporte une aide aux familles.

VIVRE ENSEMBLE

Crédits photographiques

- P. 4 : n°1, © Photononstop / Rey — n°2, © Explorer / Raynal.
- P. 5 : n°1, © Diatonik / Petit Format — n°2, © Petit Format / Casaubon.
- P. 6 : n°1, © Gamma / Liaison / Schapiro — n°2, © Explorer / Boutin n°3, © Hoa-Qui / Morand-Grahame.
- P. 7 : n°1, © Gamma / Hill / Spooner — n°2, © Gamma / Duclos.
- P. 8 : n°1, © Gamma / Liaison / Hicks — n°2, © Gamma / Chandler-FSP n°3, © Gamma / Hayne / NC Times — n°4, © Gamma / Owerta Lyle n°2, © Gamma / Stolarik Robert.
- P. 9 : n°1, © Gamma / Kobber / F. Mag — n°2, © Sunset / Fotostock n°3, © Gamma / Le Bot.
- P. 10 : n°1, © Gamma / Ayral.
- P. 11 : n°1, © Gamma / Buu — n°2, © Gamma / Laurent Michele.
- P. 12 : n°1, © Viollet / Harlingue — n°2, © Viollet / Boyer n°3, © Hoa-Qui / Boutin — n°4, © Hoa-Qui / Wright.
- P. 13 : n°1, © Hoa-Qui / Ascani — n°3, © Explorer / Bohin.
- P. 15 : n°1, © Petit Format / Lupe Cunha.

Illustrations : Jérôme Brasseur
Schémas : COREDOC
Cartographie : AFDEC